HISTOIRE

DE

L'ANCIENNE CONFRÉRIE

D'AMATEURS DE FLEURS

ÉTABLIE AUX RÉCOLLETS - ANGLAIS

A DOUAI

SOUS LE VOCABLE DE SAINTE DOROTHÉE

PAR

Le Chevalier AMÉDÉE DE TERNAS

Ancien élève de l'Ecole des Chartes.

AVEC PLANCHES D'ARMOIRIES

DOUAI

IMPRIMERIE DECHRISTÉ, RUE JEAN-DE-BOLOGNE

— 1870 —

HISTOIRE

DE L'ANCIENNE CONFRÉRIE

DE

SAINTE DOROTHÉE

Tiré à cent cinquante-trois exemplaires, y compris trois sur vergé, tous numérotés et paraphés par l'Auteur.

HISTOIRE

DE

L'ANCIENNE CONFRÉRIE

D'AMATEURS DE FLEURS

ÉTABLIE AUX RÉCOLLETS-ANGLAIS

A DOUAI

SOUS LE VOCABLE DE SAINTE DOROTHÉE

PAR

Le Chevalier AMÉDÉE DE TERNAS

Ancien élève de l'École des Chartes.

AVEC PLANCHES D'ARMOIRIES

DOUAI

IMPRIMERIE DECHRISTÉ, RUE JEAN-DE-BOLOGNE

— 1870 —

A Monsieur OSCAR BECQUET DE MEGILLE,

ÉCUYER, MAIRE DE ROUCOURT.

Monsieur,

Avant de livrer à l'impression L'HISTOIRE DE LA CONFRÉRIE DOUAISIENNE DE SAINTE DOROTHÉE, *je ne puis oublier que c'est à l'extrême obligeance que vous avez mise à me communiquer votre précieux manuscrit que je dois d'avoir pu donner quelques détails complets sur cette ancienne Confrérie.*

Veuillez donc, je vous prie, Monsieur, agréer, avec la dédicace de ce petit volume, l'expression de de tous mes remercîments.

Ch^{er}. Am. DE TERNAS.

NOTICE HISTORIQUE.

Au dix-septième siècle, Douai possédait, comme presque toutes les villes de Flandre, un grand nombre de Confréries dont les membres avaient pour but d'honorer Dieu tout en se récréant. C'est vers la fin de ce siècle, en 1663, que nous voyons se former la Confrérie de Sainte-Dorothée dont il va être question (1). Cette Confrérie, érigée en l'église Saint-Jacques, puis transportée aux Récollets-Anglais en 1716, se divisa vers cette époque en deux sections. L'une d'elles se fixa d'abord à St.-Pierre, fut transférée, en 1720, aux Récollets-Wallons, et cessa d'exister en 1757. L'autre, dont nous allons

(1) Il existait alors à Douai une autre Confrérie, établie en l'honneur de la même sainte, au couvent de la Sainte-Trinité. Nous voyons par le manuscrit qui faisait partie de la riche bibliothèque de M. le président Bigant, que cette Confrérie avait été établie le 6 février 1641, approuvée par l'évêché d'Arras le 30 janvier 1642, et qu'enfin elle cessa d'exister vers 1733.

nous occuper, se maintint jusqu'en 1797 et vécut en bonne intelligence avec la seconde, car nous voyons que chaque année ces deux sections, qui formaient deux Confréries distinctes, s'envoient à tour de rôle les vins qui doivent servir au banquet, fin ordinaire de ces réunions. Ces banquets étaient aux frais des princes, ainsi que nous l'apprend une délibération du 6 février 1740 ; cette délibération porte que ces derniers ne donneront plus à l'avenir qu'un seul repas.

Les membres de cette Confrérie, choisis parmi les amateurs de fleurs, tant nobles que bourgeois, jurisconsultes ou échevins, prirent pour patronne sainte Dorothée (1). Le siége épiscopal d'Arras,

(1) Cette sainte, vierge et martyre, vivait à Césarée en Cappadoce l'an 304, sous le pontificat du pape saint Marcellin. Dénoncée au gouverneur Saprice comme chrétienne, elle est appelée à son tribunal. Malgré les tortures dont il l'accable, malgré les belles promesses qu'il lui fait, elle reste fidèle à la religion du Christ et est condamnée à avoir la tête tranchée. Tandis que Dorothée est sur le chemin de son supplice, passe un avocat nommé Théophile ; celui-ci ayant ouï dire à la sainte que là où était Jésus-Christ et où elle allait, il y avait des fruits en toutes saisons et des roses qui ne flétrissaient point, lui crie en se moquant : *Dorothée, faites-moi cette faveur de m'envoyer du jardin de votre époux de ces roses que vous m'avez tant vantées.* Dorothée le lui promit. Au moment où elle attendait le coup de la mort, un ange descendait du ciel, portant un petit panier où il y avait trois pommes très-belles et trois roses admirables. La sainte pria l'ange de les présenter à Théophile et de lui dire : *Dorothée vous envoie ces fruits et ces fleurs pour tenir sa promesse ; ils viennent du jardin de son époux Jésus-Christ.* Théophile fut converti et mourut martyr. Quelques instants après, sainte Dorothée expirait sous le fer. C'était le 6 février 304, sous l'empire de Constance et de Maximin-Galère.

alors vacant, approuva leurs statuts le 13 janvier 1664, et le 2 décembre de la même année, le pape Alexandre VII, voulant témoigner l'intérêt qu'il attachait à la fondation de cette Confrérie, accorda des indulgences à tous ceux qui en feraient partie.

Les statuts, qui sont très-simples, portent :

1° Que tous les Confrères doivent s'assembler, chaque année, le jour de Sainte-Dorothée, pour choisir un prince ; celui-ci sera chargé de veiller à ce que l'année suivante, à pareil jour, une messe solennelle soit dite et qu'aussitôt après on lui donne un successeur.

2° Que tous les Confrères, le lendemain, assisteront à la messe qui sera célébrée pour le repos de l'âme des membres défunts.

3° Que les Confrères se réuniront pour faire dire une messe solennelle pour le repos de l'âme de celui qui viendrait à mourir, et qu'en outre ils seront tenus de faire dire une messe à leurs dépens.

(Dans la suite, plusieurs Confrères, par oubli ou par négligence, ne faisant pas dire de messe, il fut décidé, dans une réunion tenue en 1769, que le prince se chargerait de faire dire ces messes chez les Récollets-Anglais, qu'elles seraient portées à la dépense annuelle, et que chaque messe, avec le *De Profundis* au bas de l'autel, serait rétribuée à raison de douze patards).

4° Que chaque Confrère dira tous les jours une antienne et une oraison en l'honneur de sa patronne, ou un *Pater* et un *Ave* , ou quelqu'autre petite prière qu'il préfèrera réciter.

Le nombre des Confrères était fixé à douze. Nous voyons en effet qu'il fut décidé en 1739 que le nombre des Confrères ayant atteint ce chiffre , on n'admettrait plus personne , à moins qu'il n'y eût une place vacante par la mort de l'un d'eux. Il y avait aussi des novices ; mais nous ne pouvons ni déterminer leur nombre , ni l'époque à laquelle ils furent établis, leur existence ne nous étant révélée que par une note où il est dit que M. Hériguer d'Escaries a été nommé , dans l'assemblée du 6 février 1766, père maître des novices.

Chaque année, le 6 février, les Confrères s'assemblaient pour élire un préfet ou prince , dont les fonctions étaient annuelles ; il ne pouvait être réélu qu'après une ou plusieurs années d'intervalle ; il se faisait aider par quatre hommes qu'il prenait à son choix parmi les Confrères.

Les quatre hommes étaient autrefois électifs , car nous voyons qu'on a élu pour quatre hommes : André-Michel Becquet , licencié-ès-droit , greffier de la gouvernance, prince sortant ; Claude Becquet, licencié-ès-droit et conseiller pensionnaire de la ville ; François Hériguer , et à raison de *parité* de voix, Jude Henne, prêtre , chapelain de la collégiale de Saint-Pierre , et Melchior Carton , marchand de grains : c'est probablement pour éviter qu'un pareil inconvénient ne se renouvelât, qu'on a donné dans la suite au prince le droit de choisir ses quatre hommes.

Les Confrères pouvaient donner leur démission ; ce qui le prouve, c'est que dans une assemblée tenue le 11 novembre 1785, il a été décidé que l'on renverrait à M. Houzé de l'Aulnoit le louis qu'il avait payé pour sa morte-main, et que l'on accepterait les démissions de MM les greffiers de la ville, Duquesne et Houzé de l'Aulnoit, et qu'on remettrait à ce dernier ses armes, attendu qu'il n'était encore que novice.

Le jour de la fète de Sainte-Dorothée, les Confrères assistaient à la messe et aux offices avec un bouquet de fleurs naturelles à leurs boutonnières ; mais par une décision qu'ils prirent en 1737, ce bouquet fut remplacé par dix pots de fleurs, contenant chacun trois oignons ou plantes en fleurs que chaque Confrère était tenu d'envoyer l'avant-veille de la fête de la sainte chez les Récollets-Anglais. Ces pots « devront être placés, le jour de la fête et » le lendemain, sur un buffet qu'on élèvera dans » l'église des Récollets, et les membres qui n'au» ront pas fourni dix pots seront mis à l'amende » de vingt patards. » Le 8 février de l'année suivante, les Confrères décidèrent que le jour de la fête de la sainte, chacun d'eux fournirait quinze *potées* de fleurs composées de trois oignons au moins, et que les pots seraient uniformes ; mais dans la suite ils ne furent plus tenus qu'à dix *potées* et il n'est plus fait mention de quinze *potées* que dans l'assemblée du 27 juillet 1766, et cela à cause de l'année séculaire, comme il sera raconté plus loin dans les détails que nous rapporterons sur cette cérémonie tels que nous les avons trouvés.

Dans les réunions, qui avaient toujours lieu le 6 février de chaque année, lorsque ce jour ne tombait pas le mercredi des Cendres, on décidait quel était le nombre d'oignons que l'on ferait venir, soit de Marseille, soit de Toulon ou de Bruxelles, et le prince chargeait un des membres de se les procurer aux frais communs de la Confrérie. Les fleurs, que l'on faisait venir en grande quantité, étaient partagées également entre tous les Confrères. C'était d'ordinaire des oignons de royales-constantinoples, des jabuses ou totus-albus, des francs passe-tout blancs ou bleus, des passe-tout impériales, des œillets, des renoncules rouges, jaunes ou blanches, des hyacinthes.

Les Confrères recevaient chaque année les pots que les amateurs voulaient bien leur prêter pour orner le buffet, et avaient soin de les faire remettre aussitôt la fête terminée.

Le 27 janvier 1790, les Confrères s'étant assemblés, considérant que les Etats-Généraux obligeaient chacun à porter son argenterie à la Monnaie, ou à en payer deux et demi pour cent, et que les pauvres de la ville étaient malheureux à cause de la cherté des vivres, font vendre la statue de sainte Dorothée, qui était en argent, et en remettent le prix à M. de Chalencourt, trésorier-général du bureau de la mendicité de Douai, afin de soulager les pauvres de cette ville. Ils s'assemblèrent encore les années suivantes jusqu'au 6 février 1793, époque où ils reçurent André-Charles-François Wacrenier, ancien conseiller au parlement, à condition néanmoins que si le culte catholique jouissait encore de sa première liberté, il ne serait pas tenu de venir aux offices. Les années 1794, 1795, 1796, il n'est plus fait mention de prince; enfin, en 1797, M. Wacrenier est choisi pour prince, par MM. Remy de Campeau et Lemaire de Marne, qui lui servirent de quatre-hommes, le nombre des Confrères étant alors réduit à trois.

Cette Confrérie, malgré les efforts de ses membres pour la faire exister, devait succomber et disparaître sous les coups du nouveau régime qui ne respectait rien et à qui tout ce qui rappelait le passé portait ombrage.

En 1807 et 1808, les jardiniers de Douai, secondés par les amateurs de fleurs et encouragés par l'administration municipale, élevaient encore des buffets à sainte Dorothée en l'église actuelle de Saint-Jacques. Il nous a été impossible d'avoir des renseignements sur l'organisation de cette espèce de rétablissement de l'ancienne Confrérie, qui ne dura que l'espace de seize ou dix-sept ans, c'est-à-dire jusqu'en 1823 inclusivement.

Nous trouvons dans le registre aux annonces de la paroisse Saint-Jacques, le passage suivant ayant rapport à une des dernières fêtes de Sainte-Dorothée. Les nouveaux Confrères célébraient encore la fête de leur patronne avec une grande magnificence et le salut des Trépassés dut même être remis, à cause des nombreux préparatifs de cette solennité. Voici du reste l'annonce que fit au prône le dimanche, 4 février 1821, le vénérable Monsieur Levesque, grand-doyen curé de Saint-Jacques :

« Le salut des Trépassés qui doit avoir lieu le » lundi est remis à mercredi, *à cause des prépara-* » *tifs pour l'office de Sainte-Dorothée.* — Mardi, » à dix heures, messe solennelle, et le soir, à » cinq heures, salut en l'honneur de Ste.-Dorothée, » à l'intention des Jardiniers-Fleuristes de cette » ville. »

Il est ajouté en note à l'annonce dudit salut, de la main de M. Levesque : *« On y chante les complies » et on fait la procession. »*

Nous verrions avec plaisir les dames patronesses de la Société d'Horticulture fondée à Douai le 10 septembre 1852, se réunir pour honorer de nouveau sainte Dorothée dans l'église Saint-Jacques, qui a remplacé celle des Récollets-Anglais, persuadé d'avance que nous aurions l'occasion d'admirer un buffet qui égalerait, s'il ne les surpassait pas, ceux que nos ancêtres y ont élevés autrefois.

MÉMOIRE

DE CE QUI S'EST FAIT

POUR LA SOLENNITÉ SÉCULAIRE DE SAINTE DOROTHÉE,

Patronne de la Confrérie,

QUI S'EST CÉLÉBRÉE LE 6 FÉVRIER 1767.

La solennité séculaire de cette Confrérie étant arrivée cette année 1767, MM. les Confrères se sont assemblés le 25 juillet 1766, année courante de ladite année séculaire, et délibérèrent de fournir chacun quinze potées fleuries au lieu de dix, pour la construction du buffet, que l'on voulait faire beaucoup plus ample que d'ordinaire le jour de la sainte. En conséquence, le sieur prince convoqua une assemblée dans le mois de décembre suivant, pour examiner, avec ses Confrères, quelle décoration on ferait dans l'église des Récollets-Anglais et quelle forme on donnerait au buffet. On chargea, après les dessins vus, le frère Juniper, récollet, de la construction dudit buffet, ainsi que de la décoration nécessaire pour ladite église. Celui-ci appela ensuite quelques-uns des Confrères pour voir et examiner l'esquisse du buffet que l'on approuva et qu'il exécuta ensuite de la manière suivante :

La fête de la Purification de la Sainte-Vierge tombant cette année par un lundi, mardi les pères Récollets eurent la complaisance de fermer leur église ainsi que mercredi et jeudi, jours suivants, pour donner aisance aux Confrères de décorer l'église, et allèrent dire la messe chez les sœurs de Sainte-Catherine de-Sienne. On monta mardi matin le buffet ordinaire, et l'après-midi on y fit les deux ajoutées qui avaient été concertées et qui formaient réellement deux autres buffets, faisant deux faces au grand buffet et venaient joindre en triangle les deux premiers piliers de ladite église, ce qui étant ajusté faisait le plus beau coup-d'œil qu'on puisse voir. On se mit à garnir, le mercredi et le jeudi, et pour cet effet on plaça plus de douze cents pots fleuris que chaque Confrère avait fournis, les uns plus, les autres moins : on y vit des rubis en quantité, des chartreuses, des œillets, des royales-constantinoples, des tulipes de différentes espèces, des passe-tout bleus, des francs passe-tout, des passe-tout tubéreux, des hyacinthes romaines, des passe-tout de Hollande, des pulchras, des couronnes-impériales, etc., le tout en quantité, mais peu de renoncules, à cause du trop grand froid de cette année, qui a égalé et même surpassé celui de 1709.

Pour ce qui est de la décoration de l'église, on mit des guirlandes de lierre d'arcade en arcade que forment les piliers, ainsi qu'à celles du chœur des Récollets, d'où pendaient des lampes d'argent, et à celles de l'église on avait posé des lustres de cristal ainsi que dans le centre de la grande nef ; tous ces lustres étaient garnis de bougies. Les piliers eux-mêmes étaient entourés de torses de lierre , ce qui donnait un air champêtre à cette église ; et ce qui relevait encore davantage ces piliers, c'étaient des emblèmes et des chroniques (lisez chronogrammes) faits en médaillons, qui pendaient sur cesdits piliers, le tout analogue à la fête. Le grand ornement était aussi l'illumination que l'on fit le soir dans la même église et qui forma un temple vraiment majestueux par l'immensité de chandelles allumées et par la perspective que formait l'illumination du chœur des pères Récollets , qui allait en mourant joindre le haut du Christ qui est dans ledit chœur.

Le jour que l'on avait commencé à travailler , c'est-à-dire le mardi , le sieur de Marne , prince de ladite Confrérie , se rendit à onze heures du matin à l'Hôtel-de-Ville pour demander à Messieurs du Magistrat la grosse cloche de la ville pour cette fête, ce qui lui fut accordé ; mais ayant ensuite demandé le prêt des trois lustres de cristal de la grande salle de l'Hôtel-de-Ville en bas, on tergiversa beaucoup ; les sieurs Denis, échevin, et Yolent, conseiller pensionnaire, discoururent beaucoup contre ce prêt demandé ; enfin , on fit retirer le sieur de Marne avec le sieur Duquesne, greffier de la ville et confrère de ladite Confrérie , on alla aux voix et tout unanimement on refusa lesdits lustres, à l'exception de MM. Caneau de Langries et Blave, échevins, ce qui fit que plusieurs personnes de considération de la ville, telles que MM. de Buissy, président au parlement de Flandre, et Desmolins de Wagnonville, vinrent trouver lesdits Confrères et offrirent très-généreusement les leurs, que l'on accepta très-volontiers. Il (probablement le sieur de Marne) fut ensuite chez M. de Villedieu, pour lors lieutenant du Roi en cette ville, pour lui demander la permission de tirer des boîtes ou campes pour cette fête, ce qu'il accorda d'autant plus volontiers qu'il avait été déjà imbu du refus fait à l'Hôtel-de-Ville pour le prêt des lustres.

On fit la veille de la fête de la sainte un salut au soir, on y donna la bénédiction au bruit d'une décharge de douze boîtes et du son de la cloche de la ville, qui avait déjà sonné au midi, le tout pour annoncer cette fête, qui cependant avait déjà été publiée par une quantité d'affiches que l'on fit poser tant dans cette ville que dans les villes circonvoisines.

Le jour de la solennité de cette fête, la grande messe fut chantée par M. Maurand-Joseph Becquet, chanoine et grand-chantre de la collégiale de Saint-Pierre, et confrère de cette Confrérie, assisté de MM. Vanhaken et Vierin, tous deux aussi chanoines de Saint-Pierre, et les enfants de chœur de ladite collégiale firent les cérémonies ordinaires pendant la grand'messe, à laquelle assistèrent tous les autres Confrères au nombre de onze, le douzième chantant la messe.

Les onze Confrères étaient MM. des Rasières de La Hovarderie ; Houzé, avocat au parlement ; Desbaulx de La Forge, aussi avocat ; Becquet, greffier de la ville ; Franquenelle, avocat ; Cambier, greffier au parlement ; de Beaumaretz ; Hériguer d'Escaries, échevin en exercice de cette ville ; Lemaire de Marne, avocat et prince de cette Confrérie ; Duquesne, greffier de la ville, et Duquesne, conseiller à la gouvernance de Bouchain.

Toute l'église fut remplie d'un monde innombrable le jour de cette fête ainsi que tous les autres que dura le buffet, la messe fut chantée en musique très-bonne et bien choisie, ainsi que le soir le *Te Deum* et le salut. On tira des boîtes le jour de cette fête, le matin à sept heures, à la messe solennelle, au commencement, à l'élévation et à la bénédiction ; le soir, à la sortie de la procession, pendant le *Te Deum* et la bénédiction. Personne ne fut blessé, tant pendant la décoration de l'église que par les boites.

La cloche de la ville sonna encore le jour de cette fête vers dix heures et demie du matin et à quatre heures après-midi, MM. les Confrères dînèrent ensemble le jour de la solennité ; personne n'y a manqué, ce que l'on a trouvé un peu extraordinaire, les autres années y ayant presque toujours quelqu'un de moins. Ils ont donné à manger à MM. les assistants et au père gardien des Récollets ainsi qu'à son compagnon , comme de coutume. On s'y est réjoui à merveille. A la suite du dîner on s'est rendu de rechef aux Récollets où on a assisté à la procession aux flambeaux ; on est sorti par le grand portail de l'église , on est ensuite entré dans le cloître des Récollets ; on a donné la bénédiction et on est rentré dans l'église par la même porte. M. le chantre de Saint-Pierre , qui avait chanté la messe , porta le très-saint Sacrement et entonna le *Te Deum* et donna ensuite la bénédiction , assisté comme ci-dessus. A cause de l'affluence du monde, on fut obligé de mettre dans la rue des réchauds de rempart avec des mèches goudronnées qui brûlèrent pour éclairer le monde pendant le soir et éviter par là que quelqu'un ne tombât dans la rivière. L'eau bénite fut présentée comme de coutume , au bout du goupillon, par le père gardien à chacun des Confrères, tant après la messe qu'après le salut du soir.

Le lendemain, l'obit pour les Confrères fut célébré par le père gardien et chanté en beau plain-chant et , au lieu d'une messe basse comme de coutume , à cause de l'année séculaire on chanta une grand'messe.

Les Récollets eurent aussi une récréation qui fut ordonnée par MM. les Confrères ; outre la pinte de vin qu'ils ont ordinairement le jour de la fête de la sainte, ils eurent une autre pinte de vin , de plus trente livres de bœuf et deux forts dindons , dont ils furent très-contents.

Quoique l'on eût fait des dépenses infinies pour cette année, chaque Confrère n'en fut pour sa part qu'à deux louis d'or et quinze sols, le louis à vingt-quatre livres de France, la livre à vingt sols, le sol à quatre liards, le liard à trois deniers. L'on ajouta ceci pour la différence des monnaies qui pourrait venir par la suite.

LISTE DES CRONOGRAPHES (lisez chronogrammes) ET EMBLÈMES QUI FURENT POSÉS POUR LA DÉCORATION DE L'ÉGLISE.

Au-dessus de la sainte on lisait :

En Sancta (1).

Pour marquer cent ans depuis l'érection de la Confrérie.

Au côté droit du buffet on lisait :

In choro DorotheaM eXVLtantes canIte (2).

Au côté gauche :

EffIgIeM cernItIs, Dorothea VIVIt In cœLo (3).

Aux deux premiers piliers après le buffet, on avait mis les deux emblèmes suivants ; savoir :

A celui du côté de l'épître (1er *emblème*) :

« Les fleurs miraculeuses de Sainte Dorothée » représentées par la baguette d'Aaron. On voyait

(1) Voici la Sainte.

(2) Tressaillants d'allégresse, chantez en chœur Dorothée.

(3) Vous avez sous les yeux l'image de Dorothée qui vit dans le ciel.

» un beau ciel avec un nuage d'où sortait une main
» tenant une baguette verdoyante et au-dessus le
» saint Nom de Dieu en hébreu. Tout éclatant et
» rayonnant au bas du médaillon,on lisait ce mot :
» *C'est l'effet de ma puissance.* »

A celui du côté de l'évangile on voyait (2e *emblème)* :

« Les fleurs présentées à sainte Dorothée par la
» Confrérie érigée en cette église. On avait figuré
» de même un ciel très-beau avec un nuage d'où
» sortait une main qui tenait un miroir, pour faire
» allusion à la baguette d'Aaron et au miracle que
» Dieu opéra en sa faveur ; on avait écrit ce mot :
» *Je ne fais que représenter.* »

Aux deux seconds piliers, on avait posé les deux cronographes (lisez chronogrammes) suivants.

Du côté de l'épître :

*F*L*ores* C*ent*I*s* D*orothæ* M*er*I*t*I*s f*L*or*I*ger*I*s f*L*oret. febr*V*ar*IV*s ros*I*s* (1).

Du côté de l'évangile :

LVMI*ne f*VL*get a*C *f*L*or*I*b*V*s* D*orothea* (2).

Aux deux troisièmes piliers on a attaché les deux emblèmes suivants :

Du côté de l'épître :

« L'hiver vaincu par le feu. On a peint dans le

(1) Le mois de février brille de l'éclat des roses de Dorothée, fleurissant de mérites qui avaient la vertu de produire des fleurs.

(2) Dorothée brille de lumière et de fleurs.

» médaillon deux génies, dont l'un tire le soufflet » d'une forge et l'autre ajuste un feu à cette même » forge et retourne son fer qui rougit pour le tra- » vailler. Le mot était : *Rien ne peut résister.* »

Du côté de l'évangile :

« Le printemps anticipé par le travail. Cela était » représenté par deux autres génies dont l'un ajus- » tait un morceau de fer sur une enclume et l'autre » en limait un second. Pour mot était écrit : *Vos* » *soins procurent mon éclat.* »

Aux deux quatrièmes et derniers piliers on a accroché les deux cronographes (lisez chronogrammes) suivants.

Du côté de l'épître :

SanCta Dorothea sIC *f*VLsIt *per æ*VVM (1).

Du côté de l'évangile :

*B*Is *q*VI*nq*V*ag*I*nta ann*Is *p*I*a So*CI*etas Dorothea*M CoLI*t* (2).

Aux orgues on avait attaché le cronographe (lisez chronogramme) suivant :

*E*C*Ce Dorotheæ no*M*en* I*n organ*Is *e*X*a*L*tat*V*r* (3).

Au portail de l'église en dedans on avait mis les

(1) Ainsi a brillé en sa vie sainte Dorothée.

(2) Cette pieuse Confrérie a honoré Dorothée l'espace de deux fois cinquante ans.

(3) Voici que le nom de Dorothée est exalté par les sons harmonieux de l'orgue.

trois vers suivants, faisant chacun un cronographe (lisez chronogramme) :

DIV*æ saCra* DI*es sæ*CL*o re*D*e*V*nte re*V*ersa est* :
V*os* D*ate th*V*ra fo*CI*s* C*antate* : *a*L*tar*I*a f*VM*ent* ,
*F*L*or*I*ger*I *r*V*t*IL*I*s* D*e*C*orant* V*os*, LIM*I*na,sert*I*s* (1).

Au frontispice de l'église, dans la rue, au-dessus de la porte, était dans une espèce de coquillage le cronographe (lisez chronogramme) suivant :

CHRONICON DUPLEX.

*E*CC*e te*M*p*LVM I*n*CL*ytæ* D*orotheæ p*I*Is* L*a*VDI*b*V*s*
*e*XVL*tans* (2).

Les emblèmes ont été faits par M Houzé, confrère de cette Confrérie, et les cronographes (lisez chronogrammes) par le père Anselme, récollet anglais, et ensuite corrigés par mondit sieur Houzé.

(1) Avec le retour du siècle est revenu aussi le jour sacré de la Sainte. Brûlez tous de l'encens, tous chantez en son honneur ; que la fumée des parfums couvre les autels. Les Confrères, avec les fleurs qu'ils apportent, vous décorent, portiques sacrés ! de guirlandes brillantes.

(2) Voici le temple retentissant des pieuses louanges de l'illustre Dorothée.

LISTE DES PRINCES

DE LA CONFRÉRIE DE SAINTE-DOROTHÉE.

1. DE RAISMES.

Armes. *Ecartelé aux 1 et 4, d'argent, à trois aigles éployés de sable, aux 2 et 3, de sable semé de fleurs de lys d'argent.*

Pierre *de Raismes*, doyen de l'église collégiale de Saint-Amé, nommé prince le 6 février 1664, fut le premier de la Confrérie.

2. DESMOLIN.

Armes. *Ecartelé aux 1 et 4, d'argent, à la fasce d'azur, chargée de 3 meules de moulin d'or, accompagnée en chef de 2 anilles de sable et en pointe d'un marteau à rebattre de même ; aux 2 et 3, d'azur à 3 étoiles d'or, celle en pointe commettée ou coudée en barre.*

Laurent *Desmolin*, chanoine de l'église collégiale de St.-Pierre, fut nommé prince le 6 février 1665.

3. PRINCE INCONNU.

4. ERREMBAULT.

Armes. *De sable, à la fasce d'or accompagnée en chef de 2 fleurs de lys d'argent.*

Pierre *Errembault*, trésorier de l'église St.-Amé, prince le 6 février 1667.

5. HÉRIGUER.

Armes. *Ecartelé aux 1 et 4, d'argent au lion de sable, aux 2 et 3, d'azur au pilon d'or.*

Melchior *Hériguer* fut choisi comme prince le 6 février 1668.

6. CANLERS.

Armes. *De gueules, au chevron d'argent, accompagné de 3 chandeliers d'or, 2 en chef et 1 en pointe.* Devise, *Doctrina vim roborat.*

Antoine *Canlers*, écuyer, fut nommé prince le 6 février 1669.

7. HERVIN ou HERUIN.

Armes. *D'azur, au chevron de gueules, chargé en chef d'un croissant d'or et en pointe de 2 étoiles d'or, le tout accompagné de 3 étoiles d'or.* Devise, *Arduum dulce.*

Martin *Hervin*, bourgeois rentier, fut prince le 6 février 1670.

8. HEME ou HENNE.

Armes. *D'azur, à la croix d'or, au chef d'argent, chargé de trois fleurs de lys d'azur posées en fasce.* Devise, *Munditia et Labore.*

Jude *Heme*, président du séminaire des Sept-Douleurs, fut nommé prince le 6 février 1671.

9. BECQUET.

Armes. *D'azur, à 3 tours d'or à 2 créneaux, le 3e emporté.* Devise, *Strenuè.*

Claude *Becquet*, conseiller pensionnaire de la

ville de Douai, fut prince le 6 février 1672. Il fut élu de nouveau le 6 février 1693.

10. DESMOLIN.

Armes. *Voir le n°. 2.*

Venant *Desmolin*, échevin, fut prince le 6 février 1673.

11. HÉRIGUER.

Armes. *Voir le n°. 5.*

Gaspard *Hériguer*, chanoine et écolâtre de l'église Saint-Amé, fut prince le 6 février 1674.

12. COPIN.

Armes. *D'argent, au coq de sable, armé, becqué, crété et barbé de gueules.* Devise, *Non injuria Copin.*

N..... *Copin*, licencié en médecine, fut nommé prince le 6 février 1675.

13. BECQUET.

Armes. *Voir le n°. 9.*

André-Michel Becquet, greffier de la ville de Douai, fut prince le 6 février 1676. Il mourut le 11 mars 1692.

14. MAS.

Armes. *D'azur, au chevron d'argent, chargé en chef d'une pensée au naturel, accompagné en chef de deux quintefeuilles d'argent et en pointe d'un poisson d'argent.*

Charles *Mas*, marchand, prince le 6 février 1677.

15. CARTON.

Armes. *De sinople, à un étriquemanne d'or posé sur deux wacques d'or en sautoir.*

Melchior *Carton,* marchand de grains, fut nommé prince le 6 février 1678.

16. DE SURQUE.

Armes. *De sinople*, *à* 3 *molettes à* 5 *pointes d'or, posées* 2 *et* 1. Devise, *Virtute stimulante et Doctrina.*

Gaspard-Ignace *de Surque,* seigneur de La Brayelle, fut nommé prince pour la première fois le 6 février 1679, la deuxième fois le 6 février 1694, la troisième fois le 6 février 1713.

17. CAUDRON.

Armes. *D'or, à* 3 *chaudrons de sable* 2 *et* 1.

François *Caudron* fut nommé prince le 6 février 1680 (1).

18. DE THÉRY.

Armes. *Aux* 1 *et* 4 *de gueules, à la fasce d'argent, accompagnée en chef de* 2 *merlettes de même et en pointe d'une étoile d'or, aux* 2 *et* 3 *d'argent à la fasce vivrée de sable.*

François-Mathieu *de Théry*, écuyer, seigneur d'Oppy, grand-bailly héréditaire de la ville de Douai, prince le 6 février 1681, fut nommé une seconde fois le 6 février 1695.

(1) On trouve dans l'Armorial de Flandre, du Hainaut et du Cambrésis, dressé par d'Hozier de 1696 à 1710, publié en 1856 par M. Borel d'Hauterive, à la page 243, n° 300, un Pierre-Issembart-François *Caudron*, seigneur de Cantin, que nous croyons être celui dont il est ici question.

19. LAUBEGEOIS.

Armes. *D'azur, à la fasce d'argent, accompagnée en chef de deux étoiles d'or posées en fasce, une fleur de lys au milieu et en pointe d'une rencontre de bœuf d'or.* Devise. *De l'aube joy le Cocq chantera.*

Jacques *Laubegeois* fut nommé prince le 6 février 1682.

20. PRINCE INCONNU.

21. DE CAVEREL.

Armes. *D'argent, au chevron de sable, accompagné de 3 molettes à 5 pointes de même.* Devise, *Timidos calcaria cogunt.* 1676.

Guillaume *de Caverel* fut choisi pour prince, la première fois le 6 février 1684, la deuxième le 6 février 1697, la troisième le 6 février 1714.

22. HÉRIGUER.

Armes. *Voir le n°. 5.*

François *Hériguer* fut nommé prince la première fois le 6 février 1685, la deuxième fois le 6 février 1699, la troisième le 6 février 1715.

23. PRINCE INCONNU.

24. LE MAIRE.

Armes. *De gueules, à 3 tours d'or à 3 créneaux, posées 2 et 1.*

Jacques *Le Maire* fut prince le 6 février 1687.

25. LE MAIRE.

Armes. *Ecartelé aux 1 et 4 d'or à 2 chevrons de sable, le 1er chargé de 3 étoiles d'or le 2e de 3 griffes d'or, aux 2 et 3 de sable, à la croix d'argent.*

André *Le Maire*, l'un des six-hommes de la ville de Douai, fut nommé prince le 6 février 1688.

26. CARON.

Armes. *Ecartelé aux 1 et 4 d'azur, au chevron d'or accompagné en chef de 2 quintefeuilles d'or et en pointe d'un poisson d'argent ; aux 2 et 3 d'argent à la bande de gueules chargée de 3 croix d'or.* Devise, *En la Croix Caron son Espérance.*

François *Caron* fut choisi pour prince le 6 février 1689.

27. DE COULEMONT.

Armes. *D'azur au pilon d'or.*

François *de Coulemont* fut nommé prince le 6 février 1690.

28. MAS.

Armes. *De sable, au chevron d'or, accompagné en chef de 2 quintefeuilles d'argent et en pointe d'un trèfle de même.* Devise, *Mas cute et suaviter.*

N..... *Mas*, licencié, fut prince le 6 février 1691.

29. DE VALGRA.

Armes. *D'azur, à la fasce d'argent, accompagnée en chef de 3 étoiles d'or, posées en fasce, et en pointe d'une merlette d'argent.*

Pierre *de Valgra* fut nommé prince la première

fois le 6 février 1692, la deuxième le 6 février 1703 ; il était alors conseiller secrétaire à la chancellerie du parlement de Flandre (1).

30. 1693, BECQUET, Claude.

Voir article 9.

31. 1694, DE SURQUE, S^r. DE LA BRAYELLE.

Voir article 16.

32. 1695, THÉRY D'OPPY (2).

Voir article 18.

33. 1696, PRINCE INCONNU.

34. 1697, DE CAVEREL, Guillaume.

Voir article 21.

35. 1698, PRINCE INCONNU.

36. 1699, HÉRIGUER, François.

Voir article 22.

(1) Il avait été reçu conseiller secrétaire par provision du 30 avril 1702. Voir le Recueil des Titres et Privilèges de la Chancellerie du Conseil Souverain de Tournay, manuscrit déposé au greffe de la Cour de Douai, 1er registre, folio 444.

(2) C'est à partir de cette époque que le manuscrit de M. Becquet mentionne régulièrement les quatre hommes qui chaque année changent avec le prince.

37. CARDON.

Armes. *D'argent, au chardon fleuri de gueules, tigé et feuillé de sinople.*

Pierre-Bauduin *Cardon* , dit *Priez* , écuyer , conseiller secrétaire en la grande chancellerie , fut nommé prince la première fois le 6 février 1700, la deuxième fois le 6 février 1708 , la troisième le 6 février 1716 , enfin pour la quatrième le 6 février 1729.

38. LE SELLIER.

Armes. *Ecartelé aux* 1 *et* 4 *d'or à un aigle à* 2 *têtes de sable, aux* 2 *et* 3 *d'azur à* 6 *mouchetures d'hermine d'argent posées* 3 *et* 3.

N..... *Le Sellier* , avocat au parlement et ancien échevin de Douai , fut prince le 6 février 1701 (1).

39. DE VALGRA.

Armes. *Voir le n°.* 29.

Dominique-François *de Valgra,* écuyer, avocat au parlement , procureur du Roi au siége échevinal de Douai et échevin en la même ville , fils de celui repris à l'article 29 , fut nommé prince la première fois le 6 février 1702, la deuxième le 6 février 1709, et enfin pour la troisième fois le 6 février 1718.

40. 1703, DE VALGRA, Pierre.

Voir article 29.

(1) L'Armorial de Flandre , Hainaut et Cambrésis , déjà cité , mentionne, page 243, un Jacques-Philippe *Le Sellier*, avocat et échevin de Douai, portant les mêmes armes.

41. BECQUET DU POURCHELET.

Armes. *Ecartelé aux 1 et 4 ; d'argent, à 3 merlettes de sable , 2 et 1 , au cœur de l'écu une croix de gueules fichée ; aux 2 et 3; d'azur, à 3 tours d'or , le 3e. créneau du côté sénestre emporté* (1).

Pierre-Maurand *Becquet du Pourchelet*, avocat au parlement, fut nommé prince pour la première fois le 7 février 1704 , au lieu du 6 qui tombait cette année le mercredi des Cendres , la deuxième le 6 février 1710 , la troisième le 6 février 1720, la quatrième le 6 février 1730 , la cinquième le 6 février 1740, et enfin pour la sixième et dernière fois le 6 février 1751. Il mourut en février 1755.

42. 1705 , CARON.

Voir article 26.

43. BECQUET DU MOULIN LE COMTE.

Armes. *Voir le n°.* 41.

Pierre-Thomas-Claude *Becquet du Moulin Le Comte* (2) , fut choisi pour prince, la première fois, le 6 février 1706 , la deuxième fois , le 6 février 1711.

(1) Louis XV, ayant reconnu par lettres du 4 septembre 1718, que Pierre-Thomas-Claude *Becquet* (voir article 43) , ainsi que l'attestaient des certificats du premier roi-d'armes des Pays-Bas et des lettres-patentes de Jacques II , roi d'Angleterre , descendait de la famille Becquet d'Angleterre , tous les membres de cette famille écartelèrent , depuis cette époque , les armes des Becquet de France avec celles des Becquet d'Angleterre.

(2) Voyez sur ce fief la notice publiée dans l'Annuaire-Général de la Ville de Douai et de son Arrondissement, année 1857.

44. BECQUET.

Armes. *Voir le n°.* 41.

François *Becquet, seigneur de La Motte*, l'un des quatre hommes en 1705, fut nommé prince la première fois le 6 février 1707, la deuxième le 6 février 1712, la troisième le 6 février 1723, la quatrième le 6 février 1732, et enfin, pour la cinquième et dernière, le 6 février 1741.

45. 1708, CARDON.

Voir article 37.

46. 1709, DE VALGRA.

Voir article 39.

47. 1710, BECQUET DU POURCHELET.

Voir article 41.

48. 1711, BECQUET DU MOULIN LE COMTE.

Voir article 43.

49. 1712, BECQUET, François.

Voir article 44.

50. 1713, DE SURQUE, S^r^. DE LA BRAYELLE.

Voir article 16.

51. 1714, DE CAVEREL.

Voir article 21.

52. 1715, HÉRIGUER, François.

Voir article 22.

53. 1716, CARDON.

Voir article 37.

54. DESRASIÈRES.

Armes. *Fascé au* 1er *d'azur, à une bande ondée d'argent, au* 2e *aussi d'azur, à* 3 *têtes de chats d'argent rasées du côté sénestre, posées* 2 *et* 1.

Charles *Desrasières*, nommé prince le 6 février 1717, avait été reçu confrère le 22 janvier 1715, étant alors greffier de la ville.

55. 1718, DE VALGRA, avocat.

Voir article 39.

56. DE BEAUVOIR DE SÉRICOURT.

Armes. *D'argent, au chevron d'azur, accompagné de* 3 *pulchras de gueules, feuillés et tigés de sinople*, 2 *en chef et* 1 *en pointe*.

François-Joseph *de Beauvoir de Séricourt*, procureur du Roi à la gouvernance de Douai (1), reçu confrère le 22 janvier 1715, fut choisi pour prince le 6 février 1719.

57. 1720, BECQUET DU POURCHELET.

Voir article 41.

(1) Voir Plouvain, Notes historiques relatives aux Officiers de la Gouvernance de Douai, page 18.

58. MONTREUIL.

Armes. *D'azur, à la fasce d'or, accompagnée de 3 étoiles d'argent, 2 en chef, 1 en pointe.*

Pierre *Montreuil*, avocat et échevin, prince la première fois le 6 février 1721, la deuxième fois le 6 février 1733, et la troisième le 6 février 1743, avait été reçu confrère le 6 février 1716.

59. CAULIER.

Armes. *D'azur à 3 étrilles d'argent, à la bordure d'or.* Devise, *Pungit et ornat.*

François-Albert *Caulier*, avocat au parlement et échevin de Douai à son tour, fut nommé prince le 6 février 1722, ayant été reçu confrère le 6 février 1716.

60. 1723, BECQUET, François.

Voir article 44.

61. RAOULT.

Armes. *D'or, à une tour de gueules, ajourée, maçonnée et couverte d'un dôme de gueules accompagnée de 3 roses aussi de gueules, posées 1 en chef et 2 aux flancs.*

Jacques-Joseph *Raoult*, seigneur de la Motte-Capron, reçu confrère le 7 février 1719, fut prince la première fois le 6 février 1724, la deuxième le 6 février 1734.

62. DESRASIÈRES DE LA HOVARDERIE.

Armes. *Voir n°. 54.*

Charles-Louis *Desrasières de la Hovarderie*, écuyer, premier avocat au parlement, reçu dans la

Confrérie le 20 novembre 1719, fut choisi pour prince, la première fois le 6 février 1725, la deuxième le 6 février 1735, la troisième le 6 février 1745, la quatrième le 6 février 1753, la cinquième et dernière le 6 février 1765. Il mourut le 27 décembre 1768 et son obit fut chanté aux Récollets-Anglais le 27 janvier 1769.

63. DESGROSEILLERS.

Armes. *D'argent, à 2 fasces de gueules en chef, au chevron de même en pointe.*

Bon-Philippe *Desgroseillers*, avocat au parlement de Paris et échevin, reçu confrère en décembre 1721, fut nommé prince le 6 février 1726.

64. LANCRY.

Armes. *D'azur, à une fasce d'or, accompagnée de 3 ancres de même, 2 en chef, 1 en pointe.*

Mathias *Lancry*, avocat au parlement de Flandre, reçu confrère en décembre 1721, fut nommé prince le 6 février 1727.

65. DE MULLET.

Armes. *Ecartelé aux 1 et 4 de sinople, au chevron d'or, accompagné de 3 têtes de mulets d'argent, 2 en tête, 1 en pointe, aux 2 et 3 d'argent, à l'aigle de sinople.*

Claude-Joseph *de Mullet*, écuyer, échevin, en exercice, de Douai, reçu confrère le 6 février 1724, fut nommé prince le 6 février 1728.

66. 1729, CARDON.

Voir article 37.

67. 1730, BECQUET DU POURCHELET.

Voir article 41.

68. CANEAU.

Armes. *Au* 1er *d'or à 3 mouches de sable , aux 2 et 3 d'argent à une fasce de gueules , au 4 d'or à un lion morné de gueules.*

Joseph-François *Caneau* , écuyer , seigneur de Sangries , reçu confrère le 8 novembre 1728 , fut prince le 6 février 1731.

69. 1732, BECQUET, François.

Voir article 44.

70. 1733, MONTREUIL, Pierre.

Voir article 58.

71. 1734. RAOULT , Jacques-Joseph.

Voir article 61.

72. 1735, DESRASIÈRES DE LA HOVARDERIE.

Voir article 62.

73. MAHOUT.

Armes. *D'argent , au chevron d'azur , accompagné de 3 quintefeuilles de gueules.* Devise , *Adjucunda per Ardua* [*anno* 1734].

Thomas *Mahout,* conseiller commissaire du Roi , reçu dans la Confrérie en 1733 , fut élu prince le 6 février 1736.

74. DESFONTAINES.

Armes. *D'azur , à la croix d'or chargée de 5 roses de gueules.*

Pierre-Charles *Desfontaines* , avocat , reçu confrère en 1733, fut nommé prince , la première fois, le 6 février 1737 , la deuxième le 6 février 1747 , et enfin la troisième le 6 février 1757.

75. PLAISANT.

Armes. *D'argent, au chevron de gueules, accompagné en chef de 2 boutons de roses tigés et feuillés de sinople , et en pointe d'un arbre tigé et feuillé de même.*

Gaspard-Henri *Plaisant* , trésorier de la ville de Douai, fut élu prince le 6 février 1738.

76. BECQUET DE MÉGILLE.

Armes. *Ecartelé aux 1 et 4, d'argent, à 3 merlettes de sable , 2 et 1 au cœur de l'écu une croix fichée de sable ; aux 2 et 3 d'azur, à 3 tours d'or, le 3e creneau du côté senestre emporté.*

Pierre-Arnould *Becquet* , écuyer , seigneur de Mégille , reçu dans la Confrérie le 6 février 1734 , fut prince , la première fois , le 6 février 1739 , la deuxième fois , le 6 février 1749 ; il était alors premier conseiller pensionnaire de la ville de Douai.

77. 1740, BECQUET DU POURCHELET.

Voir article 41.

78. 1741, BECQUET , François.

Voir article 44.

79. CLIQUET.

Armes. *De gueules , à 3 clefs à loquet ou passe-partout d'argent.*

Jean-Baptiste *Cliquet*, écuyer, S^r^. de Flamermont, Ramilly , prince le 6 février 1742 , avait été reçu confrère le 6 février 1739. Il mourut le 25 août 1752 (Saint-Albin).

80. 1743, MONTREUIL , PIERRE.

Voir article 58.

81. BECQUET , S^r^. DE CORBEHEM.

Armes. *Voir n°.* 76.

Jean-François *Becquet*, *S^r^. de Corbehem* , avocat, prince le 6 février 1744 , décédé le 17 août 1752 , avait été reçu confrère le 7 février 1739.

82. 1745, DESRASIÈRES DE LA HOVARDERIE.

Voir article 62.

83. HOUZÉ.

Armes. *D'argent , chargé d'une couronne d'épines de sinople, au chef d'azur, chargé de 2 palmes d'or posées en sautoir.*

Piat-Joseph *Houzé* , avocat au parlement , reçu dans la Confrérie le 25 novembre 1742, fut nommé prince , la première fois le 6 février 1746 , la deuxième le 6 février 1755 : il était alors échevin de Douai ; la troisième le 6 février 1769 , étant alors administrateur de l'hôpital-général ; la quatrième le 6 février 1782.

84. 1747, DESFONTAINES.

Voir article 74.

85. BECQUET.

Armes. *Voir le n°.* 76.

Maurand-Joseph *Becquet*, licencié ès-lois, président du séminaire des Six-Prêtres dit du Soleil, chanoine et chantre de l'église collégiale de Saint-Pierre, reçu dans la Confrérie le 14 novembre 1744, fut nommé prince, la première fois, le 6 février 1748, la deuxième, le 6 février 1759, la troisième, le 6 février 1772, la quatrième le 6 février 1783. Il mourut le 1er février 1790 et fut enterré à Saint-Pierre dans la chapelle Saint-Loup ; une pierre de marbre, enchâssée dans la boiserie où ses armes sont sculptées, contient l'inscription suivante :

PIÆ MEMORIÆ
VENERANDI AC CONSULTISSIMI
DOMINI
MAURONTI-JOSEPHI
BECQUET
PRESBYTERI JURIS UTRIUSQUE
LICENTIATI, COLLEGII SEX
PRESBYTERORUM PRÆSIDIS AC
PROVISORIS, HUJUS ECCLESIÆ
CANONICI ET PRÆCENTORIS
OBIIT KALENDIS FEBRUARII
MDCCLXXXX
ÆTATIS ANNO 79. CANONIC.
52. PRÆC. DIGNIT. 47.
IN HOC TEMPLO,
QUOD MUNIFICÈ ORNAVIT,
DIVINAS LAUDES ASSIDUUS DECANTAVIT ;
ORA, LECTOR,
UT DEUM IN ÆTERNUM LAUDET IN CÆLIS.

86. 1749, BECQUET, écuyer, S^{r}. DE MÉGILLE.

Voir article 76.

87. BECQUET.

Armes. *Voir le n°.* 76.

Michel-Laurent *Becquet*, prêtre, reçu dans la Confrérie le 6 février 1748, fut nommé prince, la première fois, le 6 février 1750, la deuxième le 6 février 1761. Il décéda en 1762.

88. 1751, BECQUET DU POURCHELET.

Voir article 41.

89. DESBAULX.

Armes. *D'azur, à la croix d'or, chargée de* 5 *ancres de sable, posées* 1, 3 *et* 1, *ou en croix.* Devise, *Spes in Deo in tuto est.*

Antoine-François-Joseph *Desbaulx*, seigneur de La Forge, avocat au parlement, reçu dans la Confrérie le 6 février 1748, fut nommé prince, la première fois, le 6 février 1752, la deuxième fois le 6 février 1763.

90. 1753, DESRASIÈRES DE LA HOVARDERIE.

Voir article 62.

91. BECQUET.

Armes. *Voir le n°.* 76.

Pierre-Michel *Becquet*, avocat au parlement et greffier civil et criminel de Douai, reçu confrère le 6 février 1750, fut nommé prince, la première fois, le 6 février 1754, la deuxième fois le 6 février 1767, et la troisième le 6 février 1779.

92. 1755, HOUZÉ, PIAT-JOSEPH.

Voir article 83.

93. FRANQUENELLE.

Armes. *D'azur, au chevron d'or, surmonté d'une étoile de même, accompagné de 3 croissants d'argent, 2 en chef et 1 en pointe.*

Jacques-Antoine-Joseph *Franquenelle* (1), seigneur du Petit-Epaulx, avocat au parlement et échevin de Douai, fut reçu dans la Confrérie le 6 février 1750, à la place de François *Becquet*, qui ne pouvant remplir ses fonctions de confrère à cause de son grand âge, avait été nommé confrère vétérant. Il fut choisi pour prince, la première fois le 6 février 1756, la seconde le 6 février 1771, et mourut le 31 décembre 1779.

94. 1757, DESFONTAINES.

Voir article 74.

95. DUQUESNE.

Armes. *D'argent, au chevron de gueules, accompagné de trois merlettes de sable.*

Joes-Joseph-François *Duquesne*, avocat au parlement et greffier de la ville, reçu dans la Confrérie le 6 février 1754, nommé prince le 6 février 1758, décéda le 28 septembre 1763.

(1) Le même jour où il était choisi pour prince, Laurent-Venant *Desmolin*, écuyer, Sr. de Wagnonville, représentant la Confrérie de Sainte-Dorothée chez les RR. PP. Récollets-Wallons, a envoyé les vins.

96. 1759, BECQUET, MAURAND-JOSEPH.

Voir article 85.

97. CAMBIER.

Armes. *D'azur, au chevron d'or, accompagné de 2 roses d'or en chef et d'une molette d'or en pointe.*

Michel-Maximilien *Cambier*, avocat et greffier au parlement, reçu confrère le 6 février 1755, fut nommé prince, la première fois, le 6 février 1760, la deuxième le 6 février 1774, étant alors greffier honoraire au parlement, et enfin une troisième fois le 6 février 1785.

98. 1761, BECQUET, MICHEL-LAURENT.

Voir article 87.

99. DE BEAUMARETZ DE MARCOTTE.

Armes. *D'or, semé de mouchetures d'hermine, à trois lions de sable.*

Charles-Ferdinand-Joseph *de Beaumaretz*, écuyer, seigneur de Marcotte et de Gouvigneries, reçu dans la Confrérie le 6 février 1755, fut nommé prince, la première fois le 6 février 1762, la deuxième le 6 février 1776. Il mourut à Douai le 15 mai 1809.

100. 1763, DESBAULX, Sr. DE LA FORGE.

Voir article 89.

101. HÉRIGUER.

Armes. *Ecartelé aux 1 et 4 d'or, au lion de sable armé et lampassé de gueules, aux 2 et 3 d'argent, à une grenade tigée et feuillée de sinople ouverte de gueules.*

Pierre-Melchior *Hériguer*, écuyer, seigneur d'Escaries, avocat au parlement, échevin de Douai, reçu dans la Confrérie le 6 février 1760, fut nommé prince, la première fois, le 6 février 1764, et la deuxième, le 6 février 1777.

102. 1765, DESRASIÈRES DE LA HOVARDERIE.

Voir article 62.

103. LE MAIRE DE MARNE.

Armes. *D'azur, à 3 fasces d'or, chargées en cœur d'un écusson d'argent, à la croix patée de gueules, cantonnée de 4 étoiles de sable.*

Louis-Jules-César *Le Maire de Marne* (1), avocat au parlement, reçu dans la Confrérie le 6 février 1764, fut nommé prince, la première fois, le 6 février 1766, la deuxième, le 6 février 1778, la troisième le 6 février 1789, et enfin, pour la quatrième et dernière fois, le 6 février 1792.

104. 1767, BECQUET, Pierre-Michel.

Voir article 91.

(1) Il était le neveu de Jean-Baptiste-François *Le Maire de Marne*, né à Douai Saint-Jacques le 26 novembre 1699, baptisé le 29, auteur d'une histoire très-estimée du Comté de Namur.

105. DUQUESNE DE GRANDHUS.

Armes. *Voir le n°.* 95.

Charles-Alexandre-Joseph *Duquesne de Grandhus*, avocat et greffier de la ville, reçu confrère le 6 février 1761, fut nommé prince, la première fois, le 6 février 1768, la deuxième le 6 février 1781.

106. 1769, HOUZÉ, Piat-Joseph.

Voir article 83.

107. DUQUESNE DE SURPARQUE.

Armes. *Voir le n°.* 95.

Jean-François-Joseph *Duquesne de Surparque*, avocat au parlement et greffier à la gouvernance de Lille, reçu dans la Confrérie en 1766, fut nommé prince le 6 février 1770.

108. 1771, FRANQUENELLE.

Voir article 93.

109. 1772, BECQUET, Maurand-Joseph.

Voir article 85.

110. BECQUET.

Armes. *Voir le n°.* 76.

Pierre-Maurand-Joseph *Becquet*, avocat au parlement, fut nommé prince le 6 février 1773, et mourut en juillet 1776.

111. 1774, CAMBIER, Michel-Maximilien.

Voir article 97.

112. HOUZÉ DE GRANDCHAMP.

Armes. *Ecartelé aux 1 et 4, d'argent, à 3 grappes de raisin au naturel, tigées et feuillées de sinople, aux 2 et 3 d'or au lion de gueules, sur le tout un écusson d'argent, à une couronne d'épines de sinople, au chef d'azur chargé de deux palmes d'or posées en sautoir.*

Nicolas-Hyacinthe-Joseph-Marie *Houzé de Grandchamp*, reçu, le 18 novembre 1772, dans la Confrérie, fut élu prince, la première fois, le 6 février 1775, la deuxième le 6 février 1787.

113. 1776, DE BEAUMARETZ.

Voir article 99.

114. 1777, HÉRIGUER D'ESCARIES.

Voir article 101.

115. 1778, LE MAIRE DE MARNE.

Voir article 103.

116. 1779, BECQUET, Pierre-Michel.

Voir article 91.

117. REMY.

Armes. *De sinople, à un aigle s'essorant d'argent, et regardant un soleil d'or posé au canton dextre de l'écu.*

François-Henri *Remy*, écuyer, seigneur de Gennes, Campeau, etc., reçu confrère le 19 novembre 1778, fut élu prince, la première fois, le 6 février 1780, la deuxième, le 6 février 1791.

118. 1781, DUQUESNE, CHARLES-ALEX.-JOSEPH.

Voir article 105.

119. 1782, HOUZE, PIAT-JOSEPH.

Voir article 83.

120. 1783, BECQUET, MAURAND-JOSEPH.

Voir article 85.

121. SAVARY.

Armes. *D'azur, à 3 épis d'or posés 2 et 1, et un croissant d'argent contourné à dextre et placé en chef.*

Ignace *Savary*, échevin en exercice et trésorier des émoluments du sceau de la chancellerie du parlement de Flandre, reçu dans la Confrérie le 6 février 1782, fut élu prince le 6 février 1784.

122. 1785, CAMBIER, MICHEL-MAXIMILIEN.

Voir article 97.

123. DE COUSSER.

Armes. *D'or, au franc canton d'argent, le tout chargé d'un écusson de gueules.*

Nicolas-Denis *de Cousser*, avocat au parlement, reçu confrère le 11 décembre 1782, fut nommé prince le 6 février 1786.

124. 1787, HOUZÉ DE GRANDCHAMP.

Voir article 112.

125. PERDU.

Armes. *D'hermine, au chef d'azur chargé de 3 étoiles d'or posées en fasce.*

Venant-Léonard-Robert *Perdu*, conseiller référendaire en la chancellerie du parlement de Flandre, reçu dans la Confrérie le 6 février 1786, fut élu prince le 7 février 1788, le 6 tombant le mercredi des Cendres.

126. 1789, LE MAIRE DE MARNE.

Voir article 103.

127. DE LANNOY.

Armes. *D'argent, à trois lions de sinople, armés et lampassés de gueules.*

Pierre-Louis-Bauduin *de Lannoy*, docteur en médecine, ancien échevin, reçu le 21 décembre 1786, fut élu prince, la première fois, le 6 février 1790, la deuxième, le 6 février 1793.

128. 1791, REMY.

Voir article 117.

129. 1792, LE MAIRE DE MARNE.

Voir article 103.

130. 1793, DE LANNOY.

Voir article 127.

131. 1794, PRINCE INCONNU.

132. 1795, PRINCE INCONNU.

133. 1796, PRINCE INCONNU.

134. WACRENIER.

Armes. *D'azur, à la fasce d'or, accompagnée en chef de deux étoiles d'or, et en pointe d'un croissant montant d'argent.*

André-Charles-François *Wacrenier* (1), ancieu conseiller au parlement de Flandre, reçu dans la Confrérie le 6 février 1793, fut élu prince le 6 février 1797.

Avec lui se termina la série des princes de cette Confrérie, qui avait duré l'espace de cent trente-quatre ans.

(1) André-Charles-François *Wacrenier* était chevalier, la charge de conseiller au parlement donnant ce titre ; mais comme les qualifications nobiliaires étaient alors supprimées, il n'en est pas fait mention dans le manuscrit.

LISTE DE PLUSIEURS CONFRÈRES

DONT LES ARMES SONT PEINTES DANS LE MANUSCRIT,

Avec la date présumée de leur réception.

135. LE MAIRE.

Armes. *Ecartelé, au* 1er *d'or à l'arbre de sinople, au* 2e *d'or, au lion de sable, au* 3e *d'azur, au chevron d'argent, accompagné de* 3 *étoiles d'or, au* 4e *de gueules, à la croix d'or, au chef d'hermine.*

Jacques *Le Maire,* bailly de Saint-Amand, fut reçu dans la Confrérie vers 1672 ou 1673.

136. BILLIAU.

Armes. *D'azur, à la fasce d'or, au lion d'argent, naissant, en chef, et en pointe une mer d'argent, avec un poisson de même.*

N..... *Billiau*, bourgeois rentier, fut reçu dans la Confrérie vers 1672 ou 1673.

137. LEDRU.

Armes. *Echiqueté d'argent et d'azur, au lion de sable armé et lampassé de gueules brochant sur le tout.*

Jean-François *Ledru*, marchand de grains, fut reçu dans la Confrérie vers 1677.

138. HONORÉ.

Armes. *De gueules, à un croissant d'or en cœur, accompagné de 6 croix fleuronnées, au pied fiché de même, posées 3 en chef, 2 en flanc et une en pointe.*

Hector *Honoré*, écuyer, fut reçu dans la Confrérie vers 1678.

139. DE SURQUE.

Armes. *Voir le n°.* 16.

Jacques-Antoine *de Surque*, seigneur de La Brayelle, fut reçu confrère vers 1680.

140. DE BEAUMONT.

Armes. *Gironné d'argent et de gueules.*

N..... *de Beaumont*, chanoine de Saint-Amé, fut reçu dans la Confrérie vers 1680.

141. INCONNU.

Armes. *D'argent, au chevron de gueules, à 3 grappes de sinople tigées et feuillées chacune de 2 feuilles de même.* Devise, *Maturescent.*

Cet écusson, qui se trouve le premier du manuscrit, ne porte pas de nom. le relieur, en rognant le volume, l'ayant enlevé ; mais nous pensons que ce sont les armes de Pierre *Le Maire*, avocat, qui fit enregistrer ses armes à l'Armorial-Général de d'Hozier, déjà cité, page 132. Il ne se trouve de différence que dans le chevron, que d'Hozier indique comme étant d'azur au lieu de gueules.

LISTE DE PLUSIEURS CONFRÈRES

DONT

LES NOMS SE TROUVENT DANS LA LISTE DES QUATRE-HOMMES,

Avec la date où ils furent quatre-hommes.

CLAUDE ROUSSEL, seigneur de Bellonne. 1694.

DAVID BECQUET. 1685.

N..... SCORION. 1695.

N..... BOURSIN. 1682.

JEAN DU VERGER, aide-major de la ville de Douai. 1697.

N..... LASSUS. 1699.

N..... DE LOUVIGNY ou DE SOUVIGNY. 1701.

RICHARD LE BLANC, intendant du Mont-de-Piété. 1702.

N..... FONTAINE. 1734.

CLAUDE-JOSEPH DE MULLET, écuyer, avocat au parlement. 1725.

Maximilien-André-Joseph BECQUET, avocat et greffier civil et criminel de la ville de Douai, reçu le 14 novembre 1744; mourut le 18 novembre 1747.

N..... BECQUET DE CARONDELET. 1769.

Pierre-Jean-François DESFONTAINES fils, avocat au parlement, reçu en 1763, décédé le 22 décembre 1765, porte les mêmes armes que son père. (*Voir n° 74.*)

N..... HOUZÉ DE L'AULNOIT, reçu en 1782, a donné sa démission, qui a été acceptée dans une assemblée le 11 novembre 1785.

Charles-Louis-Joseph-Auguste LE MAIRE DE MARNE, reçu le 21 janvier 1788, mourut le 23 mai 1789.

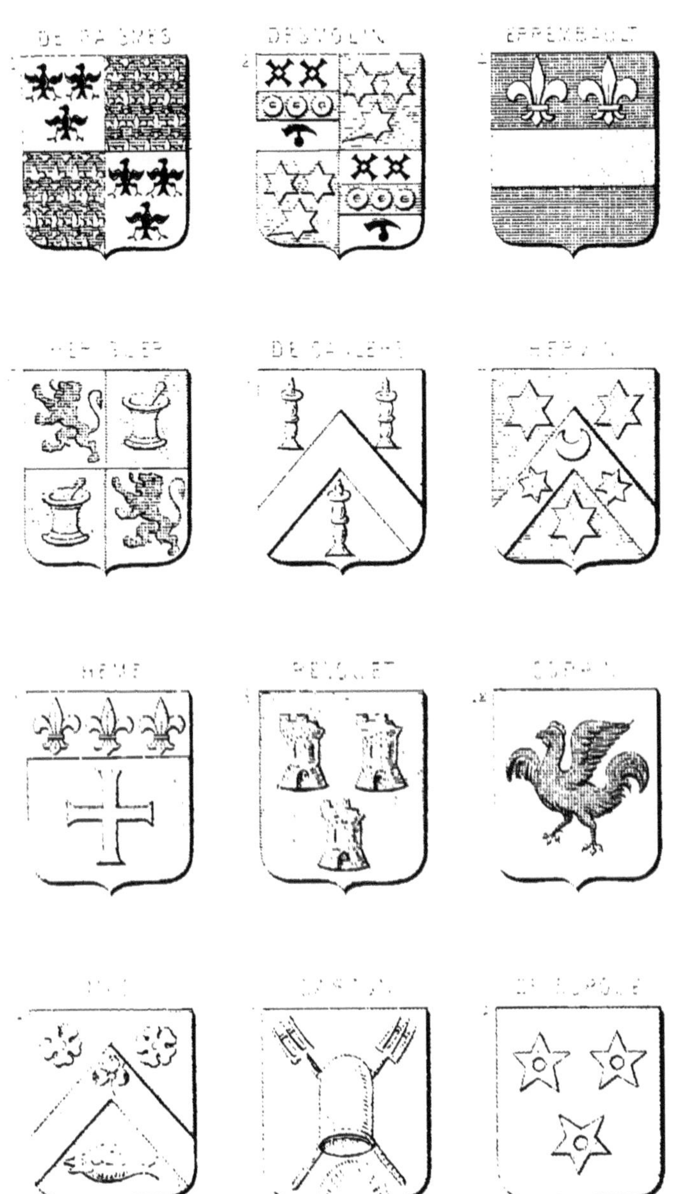

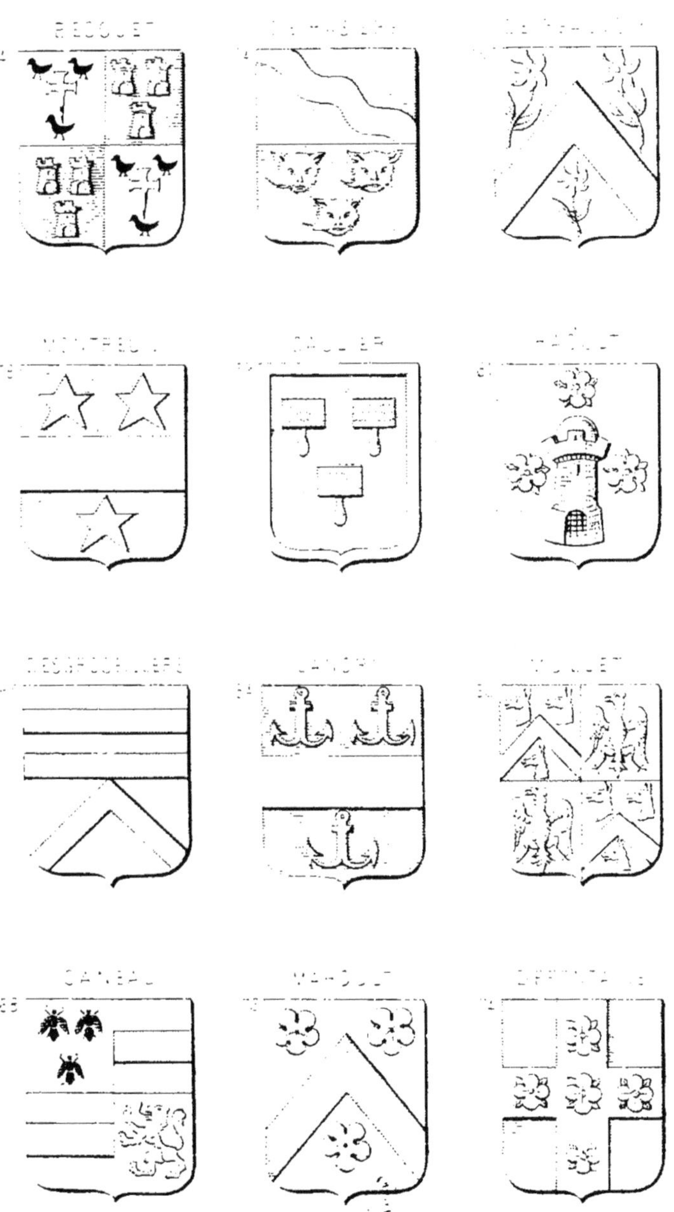

SAVARY
DELANNOY
WACRENIER
DE BEAUMONT

PIÈCES JUSTIFICATIVES.

N°. 1.

Statuta Confraternitatis Sanctæ Dorotheæ erectæ in ecclesia parochiali Sancti Jacobi Duaci, die 6 feb. 1664 (1).

Singulis annis, recurrente die Sanctæ Dorotheæ sacra, omnes Confratres debite convocati tenebuntur sibi eligere prœfectum seu principem, cujus muneris erit curare ut, quot annis, eadem die, solemnis missa celebretur eaque absoluta, de alterius electionem procedatur ac postridie ejusdem diei etiam pro defunctorum Confratrum animabus missa dicatur, quibus interesse omnes studebunt.

Dum unus e Confratribus morietur, pro ejus animæ refrigeratione tenebuntur Confratres facere celebrare missam solemnem et præterea singuli facient dicere missam propriis expensis.

Omnes tenebuntur singulis diebus antiphonam una cum oratione in honorem Sanctæ Dorotheæ, aut semel Pater et Ave Maria, aut aliam aliquam oratiunculam pro sua quisque devotione recitare.

RR. DD. Vicarii generales sedis episcopalis Atrebatensis vacantis Confraternitatem Sanctæ Dorotheæ in ecclesia parochiali Sancti Jacobi oppidi et Universitatis Duacensis pro tenore presentium erigimus sub regulis et statutis supra scriptis ad peccatum non obligantibus, ad majorem tamen Confratrum devotionem excitandem, indulgentias quadraginta dierum in forma Ecclesiæ consueta recitantibus orationem Sanctæ Dorotheæ, aut semel Pater et Ave Maria in die festo dictæ Sanctæ, et iis qui in diebus festivis et dominicis totius anni easdem præcatiunculas ad Deum effuderint, indulgentias viginti dierum authoritate ordinaria nobis commissa et qua fungimur in hac parte concedimus per præsentes.

Datum in civitate Atrebatensi, sub sigillo nostri vicariatus offici : anno Domini millesimo sexcentesimo sexagesimo quarto, mensis vero januarii die decima tertia.

De mandato Reverendorum DD. Vicariorum generalium,

Signatum H. LE COCLE.

(1) Voyez la traduction qui se trouve dans la Notice.

N°. 2.

Indulgences accordées par Alexandre VII.

ALEXANDRE VII, Pape, serviteur des serviteurs de Dieu, à tous les fidèles de Jésus-Christ qui liront ces présentes lettres, salut et bénédiction apostolique.

Considérant la fragilité de notre nature, la faiblesse des hommes et la sévérité du jugement, Nous désirons vivement que chaque fidèle prévienne ce jugement rigoureux par de bonnes œuvres et de saintes prières, afin que par ce moyen il expie ses péchés et mérite d'obtenir les joies du salut éternel.

C'est pourquoi, comme il existe déjà, d'après ce que Nous avons appris, dans l'église paroissiale de St.-Jacques à Douai, diocèse d'Arras, une pieuse Confrérie de fidèles de l'un et l'autre sexe canoniquement érigée sous l'invocation de Sainte Dorothée, vierge et martyre, pour la gloire de Dieu tout-puissant, le salut des âmes et le soulagement du prochain, sans distinction de personnes, Confrérie dont les membres s'efforcent d'exercer le plus d'œuvres possible de piété et de miséricorde, afin que ladite Confrérie reçoive de jour en jour une plus grande abondance de biens spirituels, Nous confiant en la miséricorde de Dieu tout-puissant et appuyé sur l'autorité des bienheureux apôtres Pierre et Paul, Nous accordons miséricordieusement à tous les fidèles de l'un et de l'autre sexe, qui seront admis dans ladite Confrérie, une indulgence plénière et la rémission entière de leurs péchés, au jour de leur entrée, si, véritablement pénitents et s'étant confessés, ils reçoivent le très-saint sacrement de l'Eucharistie.

Pareillement à tous les Confrères et Consœurs présents et futurs de ladite Confrérie, indulgence plénière et rémission entière de leurs péchés, à l'article de la mort, si, véritablement pénitents, s'étant confessés et ayant communié (ou, s'ils ne peuvent le faire, étant au moins contrits), ils invoquent dévotement le saint Nom de Jésus, de cœur, s'ils ne le peuvent de bouche.

Nous accordons encore miséricordieusement aux membres de ladite Confrérie, indulgence plénière et rémission de tous leurs péchés, au jour de la fête principale de la même Confrérie, jour que doivent choisir les Confrères eux-mêmes et que doit approuver l'Ordinaire, et qui une fois choisi et approuvé ne peut plus être changé, si ce n'est le jour de la fête de la Résurrection de Notre Seigneur, pourvu que vraiment pénitents, s'étant confessés et ayant communié, ils visitent ce jour-là ladite église depuis les premières vêpres jusqu'au soleil couchant et y prient dévotement pour la concorde entre les princes chrétiens, l'extirpation des hérésies et l'exaltation de Notre Mère la Sainte Eglise.

Nous accordons encore aux membres de ladite Confrérie qui vraiment contrits, s'étant confessés et ayant communié à quatre autres fêtes de l'année ou à quatre autres jours fériés que les Confrères choisiront et que l'Ordinaire approuvera, jours qui choisis et approuvés ne pourront pas être changés, excepté le jour de la Résurrection de Notre Seigneur, visiteront ladite église et y prieront les susdits jours dévotement pendant quelque temps pour les fins mentionnées plus haut, depuis les premières vêpres jusqu'au couchant du soleil, une indulgence de sept ans et de sept quarantaines à chacun de ces jours.

Enfin, nous remettons aux membres de la Confrérie soixante jours des peines qui leur sont imposées ou dont ils sont redevables de quelque manière que ce soit, chaque fois qu'ils assisteront aux messes et aux offices divins célébrés au nom de la Confrérie, aux assemblées publiques de ladite Confrérie dans le but d'exercer une bonne œuvre, aux processions ordinaires et extraordinaires de ladite Confrérie et aux autres processions, quelles qu'elles soient, faites avec la permission de l'évêque du lieu ; et aux funérailles des défunts ; chaque fois qu'ils auront réconcilié des ennemis ; qu'ils auront accompagné le Saint Sacrement de l'Eucharistie, lorsqu'il est porté à quelque infirme, ou qu'empêchés ils auront récité pour le même infirme, à genoux, au signal donné par la cloche, une fois l'Oraison Dominicale et la Salutation Angélique ; qu'ils auront donné l'hospitalité à de pauvres pèlerins ; qu'ils auront récité cinq fois l'Oraison Dominicale et la Salutation Angélique pour les âmes des Confrères et Consœurs morts dans la charité de Jésus-Christ ; ou qu'ils auront enfin ramené dans la voie du salut quelque personne égarée, ou qu'ils auront instruit des vérités nécessaires au salut ceux qui les ignoraient

Nous voulons cependant que, si dans ce qui a été fait précédemment, quelqu'autre semblable concession favorable a été faite à ladite Confrérie, à perpétuité, ou pour un temps non encore écoulé, elle soit révoquée de notre autorité apostolique, comme nous la révoquons par ces présentes lettres ; en sorte que, si ladite Confrérie était déjà agrégée à quelqu'autre archiconfrérie, ou si elle l'était dans la suite, ou bien si pour quelqu'autre raison elle était réunie ou encore érigée sous quelque autre forme que ce soit, les premières et toutes autres lettres apostoliques ne leur servent absolument de rien, mais soient dès lors par là même de nulle valeur.

Donné à Rome, près Sainte-Marie-Majeure, aux nones de décembre l'an mil six cent soixante-quatre, de notre pontificat l'an dixième.—Copie conforme à l'original. Certifié par A. GRAPHON, notaire apostolique, en juin 1666.

Approbation des susdites indulgences du vicaire-général du siége épiscopal vacant d'Arras.

Nous avons vu et approuvé la présente Bulle, et nous permettons la proclamation publique des indulgences qu'elle accorde. Nous approuvons les quatre jours de l'année choisis par les Confrères afin de gagner les indulgences de sept ans et d'autant de quarantaines, à savoir le premier jour du mois de mai, les derniers dimanches de juillet et d'octobre, et la fête de Saint-Thomas, apôtre. Enfin, pour exciter plus encore la dévotion envers la Sainte dont il a été parlé dans cette Bulle, à tous les Confrères qui, le jour de la fête de Sainte-Dorothée, auront assisté aux offices divins et y auront prié dévotement, Nous accordons, selon la forme usitée de l'Eglise, en vertu de l'autorité de l'Ordinaire qui Nous a été remise, et dont Nous usons par les présentes Lettres, une indulgence de quarante jours.

Donné à Arras, sous le sceau de notre secrétariat, l'an 1665, le dernier jour de janvier.—Copie conforme à l'original. Certifié par A. GRAPHON, notaire apostolique.

TABLE.

Douai. — Imprimerie L. Dechristé, rue Jean-de-Bologne.

www.ingramcontent.com/pod-product-compliance
Ingram Content Group UK Ltd.
Pitfield, Milton Keynes, MK11 3LW, UK
UKHW020354180726
13839UKWH00003B/1093

9 782329 564920